AF614317

EXTRAIT DE LA *REVUE PÉNITENTIAIRE*
*(Bulletin de la Société générale des prisons)*

# LES PRISONS
DU
# PALAIS DE JUSTICE

**(Dépôt de la Préfecture — Conciergerie — Souricière)**

PAR

Adolphe GUILLOT
*Juge d'instruction, membre de l'Institut.*

MELUN
IMPRIMERIE ADMINISTRATIVE

1892

Hommage respectueux
Adolphe Guillot

EXTRAIT DE LA *REVUE PÉNITENTIAIRE*
*(Bulletin de la Société générale des prisons)*

# LES PRISONS

DU

# PALAIS DE JUSTICE

**(Dépôt de la Préfecture — Conciergerie — Souricière)**

PAR

Adolphe GUILLOT
*Juge d'instruction, membre de l'Institut.*

MELUN
IMPRIMERIE ADMINISTRATIVE

1892

# LES PRISONS

DU

# PALAIS DE JUSTICE

**(Dépôt de la Préfecture — Conciergerie — Souricière)**

---

L'enceinte du Palais de justice, avec ses façades de styles si opposés, renferme dans un périmètre trop restreint des services encore plus disparates. Mal installés souvent, ils se gênent les uns les autres; les nécessités pratiques, les convenances les plus élémentaires, les besoins les plus impérieux, sont à chaque instant sacrifiés. On paie la faute commise dans le principe quand on a consacré à un édifice, d'une destination si complexe, un espace dont l'insuffisance était manifeste, et cette faute on l'aggrave tous les jours en entassant de plus en plus les unes sur les autres, dans un étrange pêle-mêle, les choses les plus diverses; comme dans une foule qui se presse dans des barrières trop étroites, on voit des gens de toutes conditions se bousculer et jouer des coudes au détriment du voisin, sans parvenir à se faire à eux-mêmes une place beaucoup meilleure.

L'administration de la justice, dont trop souvent les intérêts ont été méconnus, se voit envahie, refoulée dans ce qui aurait dû rester son domaine : des bureaux de la Préfecture de police, des logements d'employés, des magasins d'habillement, des archives administratives, jusqu'à des dispensaires de salubrité publique viennent diminuer de plus en plus la place dont elle avait besoin.

Les magistrats en prennent leur parti en ce qui les touche eux-mêmes; ils savent d'ailleurs que le prestige de la justice ne se mesure pas à la dimension et à la magnificence des salles d'audience. Mais, s'ils ont quelque sollicitude et une certaine pitié pour ceux sur lesquels leur pouvoir s'exerce, ils ne peuvent rester indifférents au dommage que l'étroitesse des bâtiments impose à ceux qu'ils y retiennent prisonniers.

Dans cette sorte de pandémonium déjà si encombré, où la machine judiciaire, avec ses rouages multiples, met chaque jour en mouvement plusieurs milliers d'individus, les architectes, pour se conformer à leur programme, ont dû encore trouver, je ne dirai pas de la place, mais un coin quelconque, pour des centaines de prisonniers, hommes, femmes, enfants.

Le Palais de justice, avec ses tours légendaires qui se mirent dans la Seine et qui, toutes vieilles qu'elles soient, ont encore le droit de se trouver les plus belles, est redevenu, comme au temps du Châtelet, une prison : la plus triste, la plus sombre, la plus étouffée des prisons de Paris. Le passant, qui des ponts de la Seine a le regard charmé par la perspective si pleine de poésie de la Cité, à l'heure où les rayons du soleil se jouent à travers les fines dentelures de la Sainte-Chapelle, ne pense pas que dans les dessous cachés, dans les soubassements de l'édifice, des gens sont entassés les uns sur les autres, manquant d'air, manquant d'espace et ayant, innocents ou coupables, à subir la plus humiliante des promiscuités.

Les prisonniers des deux sexes, qui pendant un temps plus ou moins long séjournent dans l'enceinte du Palais de justice, sont de diverses catégories.

En premier lieu, ce sont tous les individus, sans aucune exception, arrêtés dans le département de la Seine, et mis à la disposition soit de l'administration pour contravention à la police des mœurs, ou toute autre cause telle que la folie, la misère, etc., soit de l'autorité judiciaire pour infraction à la loi pénale : la prison provisoire qui leur est affectée est désignée sous le nom de Dépôt de la Préfecture.

Les prisonniers de la seconde catégorie sont ceux qui sont amenés d'une des prisons de Paris (Mazas, la Petite et la Grande-Roquette, la Santé, Sainte-Pélagie, Nanterre, Saint-Lazare) pour comparaître, le jour même, devant le juge d'instruction ou à l'audience : le lieu qui leur est réservé est appelé le Dépôt du parquet ou, en langage usuel, la Souricière.

La troisième catégorie de prisonniers se compose des individus renvoyés devant la Cour d'assises : ils sont écroués à la maison de justice de la Conciergerie.

Enfin la quatrième catégorie comprend les jeunes filles âgées de trois à seize ans : elles sont placées dans une dépendance de la

Conciergerie qui est pour elles tout à la fois le dépôt et la maison d'arrêt.

Nous ne nous proposons pas ici de faire une étude complète de chacune de ces prisons; nous voulons surtout, en vue de hâter des réformes justement réclamées, signaler les imperfections qui, malgré le dévouement et le zèle des directeurs, sont inhérentes par la force même des choses à des prisons installées dans des locaux de trop petite dimension.

## I. — Le Dépôt de la Préfecture

Dans une cour du Palais de justice, ayant son entrée sur le quai de l'Horloge, à côté de la Cour de cassation, s'élèvent, en face du porche de la Sainte-Chapelle et en arrière de l'escalier monumental qui se développe sur la place Dauphine, les bâtiments du Dépôt.

Il n'est pas de lieu où on puisse mieux étudier les bas-fonds de Paris, ses souffrances, ses misères morales, et si, après avoir franchi la porte d'entrée, on se met, comme à un poste d'observation, à la place des gardiens qui, derrière le vitrage de leur guichet, reçoivent les nouveaux venus, on connaît bien vite le Paris de la misère, de la débauche et du crime, on voit, en quelques instants, défiler tout ce qui se ramasse dans la rue, dans le ruisseau, dans les bouges, pour être distribué ensuite dans les différentes maisons d'arrêt où l'arrestation de provisoire devient définitive et ne peut prendre fin que par une ordonnance de justice ou un jugement d'acquittement.

C'est d'abord un bruyant cortège de femmes; qu'elles soient vieilles ou laides, le vice les a toutes flétries et a mis sur leur visage une expression de mépris et de révolte, la marque d'une déchéance pour ainsi dire ineffaçable; elles se méprisent elles-mêmes, elles ne connaissent la société que par ses vices; elles ont perdu le respect de toutes choses et il ne sort de leurs lèvres que des blasphèmes et des propos orduriers.

On les met aussitôt à part, si elles ne sont coupables que de quelque contravention à la législation spéciale qui les régit; on les parque, on les entasse, dès l'instant qu'elles ont plus de seize ans, dans une salle spéciale en attendant qu'on les dirige, pour guérir leurs maladies ou pour punir leurs infractions, à la prison de Saint-Lazare.

Mais voici que dans cette fosse commune, pleine des odeurs du vice, elles aperçoivent pour unique gardienne, tranquillement assise, comme une maîtresse d'école sur sa petite estrade, une femme dont le voile noir et bleu de l'ordre de Marie-Joseph couvre à demi le front tranquille. Le contraste est si étrange qu'il impose le respect même à ces créatures qui ont presque le droit de ne plus rien respecter ; il y a pour elles comme une apparition mystérieuse, ou une résurrection touchante de leur passé. On connaît cette légende du Nord qui raconte qu'un village tout entier avait disparu dans les eaux noires d'un lac immense, et que, souvent, dans le silence de la nuit, on entendait les carillons de l'église retentir encore au fond de l'abîme. N'a-t-il pas sufi bien souvent de la simple vue du costume de la sœur, de son doux et miséricordieux regard, pour rappeler à ces malheureuses filles le temps heureux de leur enfance, la prière récitée sur les bancs de l'école, à côté des autres, qui, plus sages et plus heureuses, sont restées au pays, et pour faire résonner à leurs oreilles, comme le prélude du repentir, le doux tintement de leur jeunesse.

La présence des contrevenantes à la police des mœurs dans une prison du Palais de justice est la meilleure preuve du caractère incohérent et complexe du Dépôt. Que viennent faire dans le domaine de la justice ces êtres qui échappent à l'action tutélaire et répressive de la justice et sont, par une formidable exception au droit commun, livrées sans défense, sans contrôle, sans aucune des garanties prévues par nos codes, au pouvoir discrétionnaire, consciencieusement exercé à coup sûr, mais non moins redoutable, d'un chef de bureau.

Il faut mettre les choses dans le milieu avec lequel elles sont le plus en harmonie ; le dépôt des filles contrevenantes ne serait à sa place que dans un centre administratif ; il faut espérer que le jour viendra où tous les services de la police des mœurs seront centralisés, hors du Palais de justice, dans des établissements d'un caractère spécial, et la place qu'ils laisseraient vide au Dépôt et dans les dépendances du Palais, serait très utilement affectée à des besoins d'un ordre exclusivement judiciaire.

Après le défilé des filles, voici venir les enfants.

Il y a d'abord les tout jeunes enfants, de six à sept ans au plus, perdus, errants, abandonnés.

A moins que, par une perversité exceptionnellement hâtive, ils n'aient commis des actes graves, exigeant l'intervention de la justice, l'examen d'un médecin légiste, ou toute autre mesure d'instruction, l'administration les garde à sa disposition et le parquet n'est même pas avisé de leur arrestation : le Dépôt n'est pour eux que la salle d'attente de l'assistance publique. On les met où on peut : ils n'ont pas de quartier spécialement organisé pour eux : la charité, toujours en éveil, de l'excellent directeur et de l'inspecteur (1) s'ingénie de son mieux pour les caser le moins mal possible : on les voit dans la galerie centrale du quartier des femmes, derrière un des gros piliers qui leur fait une petite retraite dans un demi-jour discret ; chacun leur donne en passant une caresse, une friandise ; mais leurs oreilles et leurs yeux sont déjà ouverts et ce qui arrive jusqu'à leur esprit n'est pas fait pour le former.

On peut espérer que, grâce à la bonne volonté de la Préfecture de police, de l'Assistance publique, appuyée par les vœux pressants du Comité de défense des enfants traduits en justice, le jour est proche où les enfants en bas âge, même dans le cas où l'action de la justice, toujours bienfaisante et tutélaire pour eux, doit s'exercer, seront conduits directement dans un établissement hospitalier où on leur épargnera le stage, si dangereux pour eux à tous les points de vue, qu'ils subissent actuellement au Dépôt.

Déjà, par un heureux accord intervenu entre les différents pouvoirs, l'assistance publique accueille avec empressement les enfants de cette catégorie sur lesquels les juges d'instruction appellent chaque jour sa bienveillante sollicitude.

Après les tout petits enfants dont je viens de parler, viennent les enfants de moins de seize ans et les jeunes gens de moins de vingt et un ans, arrêtés pour un délit quelconque.

C'est surtout pour eux que le Dépôt présente les plus graves inconvénients et qu'il y aurait lieu d'en modifier l'installation (2).

---

(1) M. Meugé et M. Grosclaude.

(2) Un des inconvénients du Dépôt consiste dans l'oisiveté à peu près complète où restent les enfants pendant toute la durée de leur séjour. Cependant des efforts ont été faits pour leur procurer quelques distractions ou occupations utiles, ainsi que le montre le programme ci-après de l'emploi du temps :

« Lorsque l'enfant *délinquant* est amené au Dépôt, on lui assigne à la geôle une

Le mal est trop connu, trop avéré ; on a trop souvent décrit avec vérité, avec émotion, avec indignation même, ces salles communes, ces promenoirs étroits où les enfants sont côte à côte, s'instruisant dans le vice et se perdant les uns les autres, pour qu'il y ait lieu d'y insister et d'ajouter quelques traits à ce douloureux tableau.

Voilà bien des années que tout le monde déplore un tel état de choses; des réformes ont été souvent promises, des projets ont été arrêtés, et souvent la solution, qui, à la suite de quelque vote du conseil municipal ou de certaines protestations de l'opinion, paraissait imminente, est allée s'ajouter aux couches superposées et habituellement stériles des projets à l'étude; c'est pour cela que, pour ma part, je crois que ceux qui veulent résolument des réformes feront bien de ne pas désarmer en considérant leur rôle comme achevé parce que des plans nouveaux auront été dressés sur le papier.

Le rapport si complet que M. Ferdinand Dreyfus vient d'adresser sur cette question au Comite de défense et les développements qu'il lui a donnés au Conseil supérieur des prisons, sont bien faits pour éclairer l'opinion et pour donner une nouvelle et pratique impulsion aux efforts qui se manifestent de nouveau avec une très louable énergie.

Mais en attendant l'heure, plus ou moins prochaine, où ils aboutiront, ne devrait-on pas user plus souvent qu'on ne le fait encore, malgré l'incontestable progrès réalisé depuis que les

---

place séparée, où il demeure quelques instants jusqu'à ce que son tour d'inscription au greffe soit arrivé.

« Les formalités d'entrée une fois remplies, l'enfant est immédiatement dirigé, suivant l'heure, sur le préau, ou sur la salle où se trouvent les jeunes garçons âgés de moins de seize ans, isolés du reste de la population.

« Le lever a lieu à six heures mais la sortie de cellule ne s'effectue qu'à sept heures. Après les soins de propreté, on procède à la première distribution de pain (1/2 pain) puis à celle de la soupe (8 heures).

« De huit à neuf heures, le préau : les enfants de moins de seize ans y sont sous la surveillance constante de leur gardien.

« De *neuf heures à midi*, a lieu la classe : on y fait beaucoup de *lectures à haute voix* et, de temps à autre, de l'*arithmétique* ou un peu de *géographie* (le mouvement incessant des entrées et sorties, le peu de durée du séjour des enfants au Dépôt, ne permettant pas, d'ailleurs, d'adopter un système d'instruction autre que des occupations passagères et réglées suivant les circonstances).

« A *midi*, retour au préau où l'on reste jusqu'à trois heures et demie — distribution de légumes cuits — puis rentrée en classe.

« A cinq heures trois quarts, les enfants sont conduits à leur quartier cellulaire où leur coucher a lieu de six heures à six heures et demie.

« Trois jours par semaine, le mardi, le jeudi et le dimanche, ainsi que les jours de fête, les enfants reçoivent à midi, une ration de bouillon gras avec de la viande bœuf bouilli).

affaires d'enfants sont envoyées à la grande instruction, des ressources hospitalières offertes si largement par l'Assistance publique et par les établissements de bienfaisance privée.

Parmi les enfants qui sont envoyés au Dépôt, il y en a assurément beaucoup dont la responsabilité morale ne peut pas être contestée et dont les instincts vicieux ne peuvent être réprimés que par l'action de la loi pénale, mais le nombre est considérable aussi de ceux qui n'ont commis d'autre faute que d'être pauvres, infirmes et délaissés.

L'étiquette de vagabond, de mendiant, qu'on applique à la plupart de ces enfants, ce qui suffit pour les classer aussitôt dans la catégorie des délinquants, n'implique pas nécessairement l'idée d'une culpabilité quelconque, et, sans aucune exagération de sentimentalité, on est péniblement impressionné quand tous les jours on voit au Dépôt, mêlés à de véritables petits malfaiteurs, des enfants qui ont été déférés à la justice non pour être punis, mais pour être protégés, non pour être traités en criminels, mais pour être secourus dans leur infortune.

Ce n'est pas tout : non seulement l'exiguïté du Dépôt ne permet pas de faire une sélection indispensable entre les enfants, suivant la nature du délit qui leur est imputé, mais des enfants, sans être l'objet d'aucune inculpation, y sont souvent consignés par ordre administratif.

Dans les maisons d'arrêt, il faut le mandat du juge, appuyé sur un texte de la loi pénale, pour qu'un individu puisse être écroué, et un directeur de prison qui, sans cet ordre écrit, retiendrait une personne quelconque, se rendrait coupable d'un crime sévèrement puni par la loi.

Au Dépôt il en est tout autrement : comme en théorie ce n'est pas une prison à proprement parler, mais un lieu d'attente, on n'y observe pas les règles protectrices de la liberté individuelle ; la simple signature d'un employé de la Préfecture de police vous y fait entrer, et vous empêche d'en sortir.

La Préfecture le regarde comme une sorte d'hôtellerie administrative où elle accumule, sous le même toit que le crime, les misères auxquelles elle ne peut trouver tout de suite un abri plus bienfaisant ; des infirmes y attendent leur entrée à l'hospice, ou leur envoi à Nanterre, des enfants, leur placement ou leur renvoi dans leur famille, et souvent les jours d'attente sont bien longs, malgré l'activité de l'Administration. Elle aime à se persuader que le Dépôt n'est vraiment qu'un lieu d'asile, qu'on doit s'y plaire dans une certaine mesure et elle se dit qu'il vaut mieux y laisser l'enfant quelques semaines, jusqu'à ce que son sort soit assuré, que de le remettre dans la rue à la grâce de Dieu.

Il y a plus : non seulement des enfants, pour ne prendre mes exemples que dans la catégorie la plus intéressante, font de longs séjours au Dépôt sans être déférés à la justice, mais c'est encore là qu'il sont logés lorsque l'ordre de mise en liberté donné par le juge lui-même n'a pu être exécuté.

On les appelle dans ce cas « les enfants de retour » et ils contribuent dans une mesure notable à augmenter la population déjà surabondante de cet établissement.

Voici en effet ce qui se passe chaque jour. L'innocence d'un enfant a été démontrée par l'instruction. L'ordonnance de mainlevée de l'écrou a été envoyée au directeur de la Petite-Roquette, celui-ci retourne de suite au juge l'avis que son ordre a été bien exécuté ; le magistrat doit croire que l'inculpé a été réellement mis en liberté. C'est souvent un trompe l'œil : il y a en marge de l'avis ce simple mot, *préfecture* ; cela veut dire que l'inculpé est en liberté sans l'être, qu'il est libre en apparence, mais prisonnier en réalité, qu'il est dans cet état de détention administrative que le code d'instruction criminelle n'a pas prévu, ni autorisé ; cela veut dire que l'ordre du juge n'a été exécuté qu'en écriture, soit parce qu'on s'est aperçu que l'enfant était étranger, soit parce que les personnes auxquelles il devait être remis n'ont pas été prévenues en temps utile ou ne sont pas venues le chercher. Au lieu de prévenir le juge de l'incident qui retarde souvent plusieurs jours l'exécution de son ordre, on renvoie purement et simplement l'enfant au Dépôt, on le remet, sachant qu'il est innocent, dans un milieu corrupteur.

*

Je n'ai parlé jusqu'à présent que des filles et des enfants ; quant aux inculpés adultes, ce que j'aurais à en dire ne serait que la répétition de ce que tout le monde en sait.

Ici encore apparaît le défaut capital du Dépôt, celui qui paralyse absolument tous les efforts de l'Administration pénitentiaire et de son excellent personnel, je veux dire l'insuffisance du local (1),

(1) J'ajouterai l'insuffisance des crédits. Comment se fait-il que la belle installation des bains-douches, si nécessaires à cette population suspecte sans cesse renouvelée, demeure depuis si longtemps inactive faute de quelques centaines de francs ?

Les femmes ont moins à souffrir, parce qu'étant moins nombreuses elles ont plus souvent une cellule à leur disposition.

Il n'en est pas de même pour les hommes; les 176 cellules disponibles sont réservées aux criminels de marque, à ceux qui à raison de leur notoriété sont l'objet d'attentions particulières. Là comme en tout, c'est l'inégalité, et la faveur se mesure à la notoriété du crime; les simples mortels, les pauvres innocents, les malfaiteurs obscurs ont à subir dans la salle commune, dans les cours étroites, semblables par leurs barreaux de fer aux cages des ménageries, les humiliations, les souffrances, les périls de la promiscuité.

On essaie bien le plus possible d'établir certaines catégories, comme celles de blouses et des habits noirs, des jeunes et des vieux, des valides et des infirmes, mais les éléments mauvais ne se trouvent pas moins confondus avec les meilleurs.

J'ai voulu surtout, dans cette rapide esquisse, étudier le Dépôt au point de vue moral; je rappellerai aux lecteurs qui aiment les détails précis que les détenus sont convenablement nourris, surtout à la cantine quand ils ont de l'argent, que les moins fortunés ont droit à une cuillère pour manger leur pitance, et qu'enfin on s'occupe de leur aménager une salle de bains et douches.

Tel est dans ses grandes lignes le Dépôt de la Préfecture de police.

Vous pourrez dès lors vous représenter exactement, derrière l'officielle majesté de l'entrée du Palais sur la place Dauphine, toute cette foule étrange, se pressant dans l'enceinte de la prison. Sous le grand escalier, c'est la salle commune; à droite, le quartier des femmes; à gauche, celui des hommes et des enfants. Vous songerez aux misères de toute sorte dont ce triste lieu est le théâtre: il serait un véritable enfer, si l'humanité de ceux qui le dirigent et la charité, que rien ne rebute, n'y apportaient quelque soulagement, et vous vous demanderez si le plus beau des Palais de justice, celui qui mérite le plus d'admiration, ne serait pas encore celui où on ferait à ceux qui souffrent la plus large place.

Mais que proposez-vous? me dira-t-on; voulez-vous qu'on démolisse le Dépôt? Je n'y ferais pas d'opposition.

Il paraît qu'il n'y faut pas songer, et que non seulement on ne veut pas le démolir, mais qu'on se propose de le rendre plus inhabitable encore, en lui enlevant le peu d'air qui lui reste par de nouvelles constructions devant son entrée.

Ce qu'on peut souhaiter, sans se montrer trop exigeant, c'est que le service des filles soumises, c'est que l'infirmerie spéciale des aliénés soient enlevés du Palais, où leur place n'est à aucun point de vue, et soient transférés dans des édifices spéciaux; c'est que de la place soit faite pour l'élargissement du Dépôt en débarrassant le Palais de tous les services de la Préfecture de police qui sont venus l'envahir et qu'on aurait pu installer ailleurs, notamment en affectant à leur usage les maisons particulières qui entourent la Préfecture; c'est enfin qu'on commence par isoler les enfants et par envoyer de suite dans les établissements hospitaliers, sans les faire séjourner au milieu des délinquants, ceux dont l'unique crime est d'être malheureux, infirmes, abandonnés.

## II. — La Conciergerie

Par les souvenirs qu'elle évoque, par le rôle qu'elle a joué dans l'histoire, par les scènes sanglantes dont elle a été le théâtre, par l'importance des personnages qui y furent souvent enfermés, la Conciergerie, flanquée de ses tours, dernier et pittoresque vestige des demeures royales au cœur de la Cité, est une prison d'un aspect autrement noble et imposant que le moderne Dépôt ; mais, sous ce décor plus majestueux, se retrouvent les mêmes misères, surtout depuis que les petites filles y sont détenues.

Cette prison serait peu intéressante, si elle avait continué à être exclusivement réservée aux accusés à la veille de comparaître en Cour d'assises. Une prison où les détenus ne passent que quelques jours, réservés aux dernières formalités de la procédure criminelle et à l'interrogatoire par le Président, n'a pas besoin d'être installée, au point de vue de l'amélioration morale : la principale préoccupation de l'administration est d'empêcher les évasions; elle y parvient facilement grâce à la disposition des cellules pratiquées dans une grande construction de forme carrée, placée comme une petite boîte dans une grande boîte au milieu d'une vaste salle, soigneusement verrouillée et gardée. On peut trouver que les cellules sont en trop petit nombre, ce qui oblige souvent à mettre plusieurs détenus dans une seule, et que l'air n'y pénètre pas assez ; mais, sauf ces quelques inconvénients, la Conciergerie, en tant que maison de justice à l'usage de la Cour d'assises, répond parfaitement à sa destination ; le seul inconvénient de son installation au centre même du Palais de justice c'est qu'elle en occupe la partie la plus intéressante et qu'elle en gâte les beautés architecturales.

Mais elle est devenue bien plus intéressante depuis que, par une décision ministérielle du 12 décembre 1887, les jeunes filles de moins de seize ans y ont été envoyées. On y rencontre alors ce qui fait le véritable attrait d'une prison, des misères à consoler, des âmes à disputer au mal et sur lesquelles l'action de l'éducation et de la charité peut s'exercer utilement.

On est tout surpris de trouver des enfants si jeunes, si dignes de pitié par leur âge et par leur sexe, dans un lieu d'aspect si redoutable, sous les mêmes verrous que les criminels les plus dangereux, et on se demande comment la pensée a pu venir de rapprocher ce qui est si dissemblable et si c'est vraiment l'intérêt des enfants qu'on a eu en vue.

Autrefois ces petites filles étaient à Saint-Lazare, dans un quartier spécial, vaste et bien aménagé : les sœurs pour qui elles étaient une joie, veillaient sur elles avec une affection toute maternelle et les laissaient se promener dans leur jardin : mais un jour on s'avisa de dire que c'était une honte de laisser des enfants dans une prison aussi mal famée ; il fut décidé sur l'heure qu'il fallait les mettre ailleurs, et, du jour au lendemain, sans enquête préalable, sans aucun souci des impossibilités matérielles, on les envoya à la Conciergerie, dans les anciens bâtiments de la cour des Girondins où rien n'était approprié pour elles et où, pour remplacer les sœurs, on commença par leur donner comme surveillantes pendant plusieurs mois une femme condamnée pour escroquerie et des libérées de Nanterre.

On n'en présenta pas moins l'envoi des petites filles à la Conciergerie comme un progrès ; la mesure rencontra certains approbateurs : je doute que leur enthousiasme ait été de longue durée.

A la Conciergerie comme au Dépôt, mais avec une aggravation de plus résultant de la vétusté, de l'humidité des bâtiments, on retrouve les mêmes défauts, les mêmes mélanges funestes des conditions les plus diverses.

Le local est encore plus insuffisant : les mêmes pièces servent d'atelier, de réfectoire, de parloir. Il n'existe que sept petites chambres pouvant au plus contenir vingt-trois lits et, comme le nombre des enfants arrêtées est quelquefois de plus de trente, il faut, même en rapprochant les lits au point qu'ils se touchent, en installer sur les paliers, dans les couloirs, le long des murs salpêtres d'où suinte une humidité glaciale.

Dans le jour, les enfants serrées les unes contre les autres sur les bancs autour de la table, dans une salle basse, ayant à peine la place nécessaire pour tirer leur aiguille lorsqu'on leur donne quelque couture à faire, souffrent de toute façon, dans leur santé, dans leur moralité, de ce contact obligatoire. Dans les heures de récréation, la cour où elles se promènent est triste, froide, toujours à moitié dans l'ombre projetée sur elle par les vieilles constructions qui la dominent et qui ont en outre l'inconvénient de permettre par les fenêtres des regards et des communications où la perversité précoce de ces petites prisonnières sait trouver des distractions peu édifiantes. Enfin, dès six heures du soir, lorsqu'elles montent se coucher, pour ne se lever que le lendemain matin à la même heure, et que la porte se ferme, ne laissant à la surveillance qu'une petite ouverture par laquelle l'œil ne peut voir qu'avec peine un coin de la cellule, il est facile d'imaginer ce que peuvent être les propos qui s'échangent dans l'ombre et ce que devient, au bout de quelques heures, une petite âme d'enfant, encore ignorante du mal, égarée dans un tel endroit.

Dans cette prison, qui est tout à la fois le Dépôt des petites filles arrêtées par la police, la maison d'arrêt de celles que le juge a placées sous mandat et le lieu d'attente de celles qui, à titre de correction paternelle, doivent être envoyées dans des maisons d'éducation telles que Cadillac, tout est confondu : à côté de la délinquante de profession, de la voleuse et pis encore, sur le point d'atteindre ses seize ans qui lui donneront le droit d'aller à Saint-Lazare, vous rencontrez à chaque instant de pauvres enfants de dix ans à peine qui ne sont que des mendiantes exploitées par leurs parents, des abandonnées à la recherche d'un refuge, des fugitives de la maison où elles étaient maltraitées. La séparation, déjà si difficile au grand Dépôt, comme nous l'avons dit, est absolument impraticable à la Conciergerie : tout y est confondu, au grand dommage de ce qui n'est pas mauvais et demanderait à être entouré de précautions particulières.

Sans doute, lorsqu'une fille de moins de seize ans est arrêtée par la police des mœurs, comme insoumise, on la met toute seule ou avec ses semblables dans une cellule spéciale : les autres enfants la connaissent bien, la voient par les fenêtres ou dans la cour, lui parlent à travers les cloisons : toutefois le contact n'est pas aussi immédiat.

Mais il ne faut pas oublier que la plupart des filles de quatorze à seize ans prévenues de vagabondage ou tout autre délit et dès lors mêlées aux autres sont presque toujours en même temps des filles de mauvaise vie et que leur contact est aussi corrupteur pour les autres enfants que celui des filles arrêtées administrativement.

Je pourrais citer des prévenues de vol, n'ayant pas plus de quatorze ans, qui sont restées longtemps à la Conciergerie d'abord pendant l'instruction, puis comme appelantes du jugement qui les avait envoyées en correction (1), et qui présentaient le type accompli et absolument perfectionné de la prostituée. Elles étaient au milieu des autres enfants, mêlées à elles le jour, la nuit, transformant ainsi par leur présence, la prison en une véritable école de démoralisation et justifiant bien ce mot que me disait dernièrement une petite fille, toute jeune : « Oh! Monsieur, ne me laissez pas ici si vous ne voulez pas que je devienne tout à fait mauvaise. »

Il y a plus encore. La Conciergerie reçoit les femmes condamnées pour contravention : elles y subissent les quelques jours de prison que leur a infligés le tribunal de simple police, et, si l'on considère que ces contraventions consistent le plus souvent dans la fermeture de brasseries après l'heure réglementaire, le logement clandestin de filles publiques, on peut dire qu'il n'y a pas de voisinage plus pernicieux pour les jeunes filles que celui de ces femmes. Placées dans des chambres qui ne sont séparées des autres que par des boiseries très minces et mal jointes, ces proxénètes, ces maîtresses de garni, ces patronnes de brasseries féminines, peuvent sans difficulté causer avec les enfants, surtout avec celles, et ce sont les plus mauvaises, qu'on enferme dans la journée pour les punir et qui, restant dans leur chambre sans surveillance effective et dans l'oisiveté la plus complète, prêtent volontiers l'oreille à tous les mauvais conseils et sont des sujets parfaitement préparés à subir les excitations les plus perfides. Dans ces conversations à voix basse, filtrant comme un air empoisonné à travers les fissures de la cloison, de honteux marchés se concluent, et la jeune fille reçoit les adresses où elle ira tout

(1) Il s'écoule environ un mois entre le jugement et l'arrêt.

droit, dès qu'elle sera libre, mettre à profit les détestables leçons que son emprisonnement lui aura donné l'occasion de recevoir et de méditer.

Il n'est pas besoin d'interroger beaucoup ces pauvres enfants pour se rendre compte des idées au milieu desquelles cette promiscuité les fait vivre, il n'est pas besoin d'obtenir leurs confidences pour voir combien leur imagination, surrexcitée par de troublantes obsessions, fait revivre sans cesse dans leur esprit, en les agrandissant encore, les images de leurs précoces débauches ; il suffit de lire ces inscriptions toujours effacées et toujours renaissantes, qu'avec leurs ongles, la pointe d'une épingle, ou un morceau de verre ramassé dans la cour, elles tracent sur les vitres ou sur le badigeon des cloisons.

Je ne saurais, même dans une revue pénitentiaire, les reproduire toutes. On retrouve rarement ces plaintes mélancoliques, ces accents de repentir, ces invocations à la miséricorde divine, que j'ai souvent recueillies à Saint-Lazare et dans d'autres prisons de femmes. Ici c'est la passion brutale, le propos grossier ; on sent que l'âme de ces enfants n'a pas eu le temps de se former et que le vice, devançant l'âge, a étouffé ce qu'elle pouvait contenir de généreux et donné à leurs sentiments quelque chose de féroce et de désordonné. Souvent on lit des inscriptions comme celle-ci : « Louise de la Villette aime son petit homme pour la vie ; celle qui l'aura après moi sera une vache : mort à celle qui l'aura » ; et c'est une main de treize ans qui a tracé cette invocation d'une passion furieuse.

Quelquefois, cependant, mais toujours sous une forme grossière, on devine un sentiment de regret, la tristesse des fautes commises.

Hier encore, je lisais ces trois inscriptions : « Léonie de la Villette est venue le 5 avril 1892 : elle dit courage aux amies, elle dit mort aux vaches qui l'ont détournée du bien » ; puis cette autre : « Louise, dite la petite blonde de Saint-Ouen, aime ses parents pour la vie ; elle a bien regret de ce qu'elle a fait, elle demande pardon à son père, elle dit m... aux vaches et promet de ne plus recommencer » ; enfin celle-ci : « Hortense est venue le 8 avril : elle verse des larmes de sang, elle jure de ne plus faire de misère à sa pauvre mère, car, quand je ne fais pas la p...., je travaille en atelier. »

Sans doute ces protestations de repentir, où l'expression obscène se retrouve à chaque instant, ne doivent pas inspirer une bien grande confiance, mais enfin on y trouve un germe de remords, de dégoût de la vie mauvaise : que faut-il souvent pour le développer, pour qu'il ne s'éteigne pas comme une lumière naissante et que, se ranimant, il arrive à faire la lumière dans cette âme obscure, où personne n'avait fait entrer la moindre notion de Dieu, de devoir, de dignité morale ? Il faut ce qui est très simple et très difficile tout à la fois, il faut plus que de la philanthropie : il faut de la charité.

J'ai dit beaucoup de mal de la Conciergerie : qu'il me soit permis d'en dire aussi beaucoup de bien. Je ne parle pas seulement de son excellent directeur (1), qui, avec l'aide d'un personnel intelligent et dévoué, exerce sur les enfants une surveillance pleine de sollicitude et sait adoucir beaucoup de leurs misères : je parle également de la charité privée à laquelle l'Administration pénitentiaire, avec une largeur d'idées qui l'honore, a ouvert largement les portes.

Le transfèrement des petites filles à la Conciergerie a eu un bon côté ; il eût peut-être été une excellente mesure si on leur avait donné — et je crois que cela serait encore possible — une installation mieux appropriée à leurs besoins. En plaçant les enfants plus près de la justice, on a intéressé davantage à elles la magistrature, le barreau, et on a donné naissance à des œuvres de patronage qui obtiennent d'excellents résultats, et dont il faut parler pour faire de la Conciergerie des petites filles un tableau exact.

Un des membres de la Société des prisons, M. Rollet, dont le zèle bien connu n'a pas besoin d'être loué, a eu l'idée de se constituer l'un des premiers défenseurs des petites filles et de s'efforcer surtout — tâche difficile et pleine de déboires — d'arracher à la prostitution celles qui en avaient déjà l'habitude ; il paraît qu'on y réussit quelquefois. Mais les misères de la Conciergerie sont si variées qu'une seule œuvre ne pouvait suffire à les soulager et qu'il était nécessaire, pour arriver à un résultat pratique, de multiplier les efforts, tout en les organisant avec ordre et méthode.

Aujourd'hui trois nouvelles œuvres offrent aux magistrats des débouchés pratiques pour les petites filles qui, n'ayant pas commis de faute véritable, ne sont point dans la catégorie de celles aux-

(1) M. Fabre, membre de la Société générale des prisons.

quelles il faut le remède, souvent indispensable, de l'envoi en correction.

C'est d'abord (sans compter, bien entendu, d'une façon générale, l'Union française, l'Assistance publique et les Bons-Pasteurs) l'Œuvre des petites préservées, qui s'applique aux enfants de moins de treize ans, et, en outre, a eu l'ingénieuse idée de créer un vestiaire afin d'habiller les enfants, qui, vêtues de haillons repoussants, ne pouvaient trouver du travail à leur sortie de prison. C'est ensuite l'Asile-refuge d'Argenteuil, qui prend les enfants au-dessus de treize ans; puis l'asile de Levallois, qui les accepte sans s'attacher spécialement à l'âge, et les reçoit aussi en état de libération conditionnelle après leur envoi en correction (1).

Pour l'organisation de ces œuvres, pour les amener à entrer régulièrement dans le mécanisme habituel de la Conciergerie, il était indispensable de concentrer entre les mains du même juge d'instruction toutes les affaires des jeunes filles détenues à la Conciergerie. M. le Procureur de la République entrant dans ces vues, qui sont d'ailleurs celles du Comité de défense, a bien voulu charger de ce service l'auteur de ces lignes, et si celui-ci se permet de rappeler ce souvenir personnel, c'est qu'il tient à attribuer au parquet tout le mérite des résultats qui ont été déjà obtenus, et qui, à la faveur du même régime, ne pourront devenir que plus grands encore (2).

Le bien est donc sorti du mal, comme il arrive quelquefois. Si la Conciergerie eût été mieux installée, si les enfants y avaient moins souffert dans leur esprit et dans leur corps, on s'en serait moins occupé, et des œuvres utiles n'auraient peut-être pas été fondées.

Ce n'est pas une raison pour laisser le quartier des enfants dans l'état déplorable où il se trouve; mais c'est peut-être un motif de l'améliorer sans le déplacer et sans éloigner ces enfants de ceux qui se plaisent à être leurs protecteurs.

---

(1) Ces diverses œuvres ont été fondées, la première par la comtesse de Biron et la vicomtesse Vilain XIV, la seconde par Mmes Lannelongue et Auber, la troisième par la baronne Mallet et Mmes Guizot de Witt et Mirabaud.

(2) Le parquet, en outre, pour mettre de l'ordre dans les visites qui se faisaient dans les prisons d'enfants, dans un but d'assistance ou d'étude, a rappelé par une circulaire que les enfants en prévention ne peuvent être vus qu'à la condition que le visiteur s'entende avec le juge et obtienne son permis.

## III. — La Souricière

Il est dans le Palais de justice une dernière geôle, si on peut l'appeler ainsi, dont il me sera, avec la meilleure volonté du monde, impossible de dire le moindre bien : c'est le dépôt du parquet, la « Souricière », les « trente-six carreaux », comme disent les prévenus.

Elle est sous les chambres correctionnelles, dans le bâtiment qui longe la rue de la Sainte-Chapelle et communique avec le Dépôt par une galerie souterraine.

J'ai dit dans une précédente étude sur les prisons de Paris tout le mal que je pensais de ce dépôt ; cela n'a servi à rien : on a même fait de nouvelles cellules semblables à celles dont je dénonçais les horreurs, le mot n'est pas excessif ; j'ai donc le droit de recommencer mes doléances.

On sait que les cellules de la Souricière servent de lieu d'attente aux prévenus amenés pour la journée au Palais de justice, afin d'être entendus par le juge d'instruction ou jugés à l'audience.

J'aime à croire que l'architecte qui a eu la conception de ces trous noirs a pensé que les prévenus n'y passeraient que quelques minutes et qu'alors il n'y avait grand inconvénient à leur infliger un véritable supplice en les privant d'air, de lumière et en les exposant à l'asphyxie. Il les aurait assurément traités avec plus d'humanité s'il avait su que souvent, en attendant son tour, un détenu passe des journées entières dans ces odieux et infects cabanons.

Ce n'est pas tout. Pour simplifier le service des gardes ou parce que les cellules ne sont pas assez nombreuses, il arrive tous les jours que l'on met plusieurs prévenus ensemble dans ces cellules déjà insuffisantes pour une seule personne et des enfants y sont enfermés, côte à côte, de longues heures, dans une obscurité presque complète.

Tout souffre dans ces cellules ; la santé des prévenus, leur moralité, et les intérêts de la justice.

Or si on voulait y songer, s'en donner la peine, le remède serait tout de suite trouvé. La solution serait plus simple et plus économique que pour le Dépôt et la Conciergerie : il suffirait de remplacer par des grillages laissant passer l'air et la lumière, les portes pleines avec leurs chassis garnis de verres épais qui existent actuellement ; il suffirait aussi d'un ordre du parquet interdisant de mettre plusieurs détenus et surtout plusieurs enfants dans la même cellule.

Les cellules sont faites pour l'isolement et non pour la réunion.

En parcourant les différentes prisons du Palais, nous avons, sans rien exagérer, et tout en constatant le bien qui s'y accomplit par les hommes à côté du mal qui s'y fait par les choses, eu sous les yeux des spectacles attristants, indignes d'une ville comme Paris, indignes aussi d'une époque où les lois pénales s'inspirent de plus en plus d'idées généreuses. Il faut porter remède à tout cela. L'Administration pénitentiaire y est toute disposée ; les ressources lui manquent ; elles lui seront d'autant plus facilement accordées que les protestations des criminalistes seront plus énergiques, que la clameur publique sera plus intense, que la magistrature comprendra, une fois de plus, qu'elle ne doit pas se désintéresser de ces questions, mais, au contraire, se mettre à la tête des réformes qui reposent sur des idées de justice et d'humanité.

La Société des prisons peut y contribuer dans une large mesure ; c'est pour cette raison que je me suis permis de lui apporter mon modeste contingent d'observations pratiques.

---

www.ingramcontent.com/pod-product-compliance
Ingram Content Group UK Ltd.
Pitfield, Milton Keynes, MK11 3LW, UK
UKHW021928190726
13853UKWH00002B/909